Un libro de Las Raíces de Crabtree

Animales de granja amistosos

GALLINAS

AMY CULLIFORD
Y SANTIAGO OCHOA

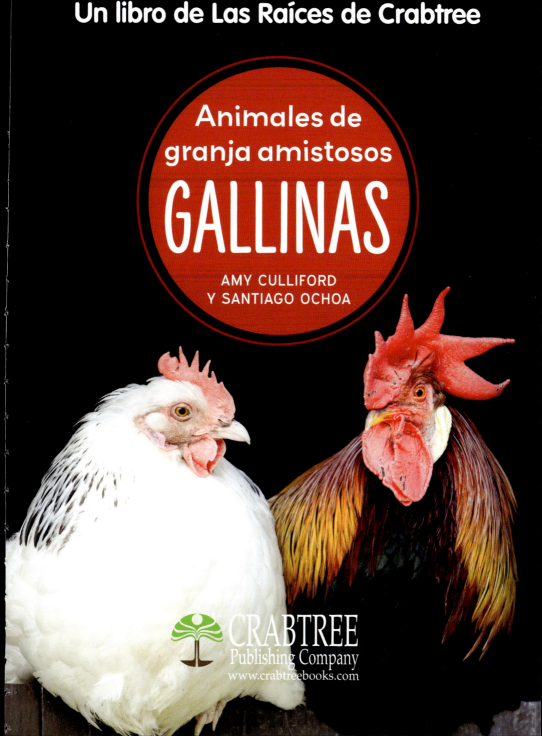

CRABTREE
Publishing Company
www.crabtreebooks.com

Apoyos de la escuela a los hogares para cuidadores y maestros

Este libro ayuda a los niños a crecer al permitirles practicar la lectura. Las siguientes son algunas preguntas de guía que ayudan a los lectores a construir sus habilidades de comprensión. Las posibles respuestas están en rojo.

Antes de leer:
- ¿De qué creo que trata este libro?
  - *Este libro trata sobre las gallinas.*
  - *Este libro trata sobre las gallinas en las granjas.*
- ¿Qué quiero aprender sobre este tema?
  - *Quiero aprender qué sonido hace una gallina.*
  - *Quiero aprender de qué colores puede ser una gallina.*

Durante la lectura:
- Me pregunto por qué...
  - *Me pregunto por qué las gallinas son de diferentes colores.*
  - *Me pregunto por qué las gallinas ponen huevos.*
- ¿Qué he aprendido hasta ahora?
  - *He aprendido que las gallinas son aves.*
  - *He aprendido que las gallinas ponen huevos.*

Después de leer:
- ¿Qué detalles aprendí de este tema?
  - *He aprendido que los huevos pueden ser de diferentes colores.*
  - *He aprendido que las gallinas ponen un huevo al día.*
- Lee el libro de nuevo y busca las palabras del vocabulario.
  - *Veo la palabra **aves** en la página 4 y la palabra **huevos** en la página 8. Las demás palabras del vocabulario están en la página 14.*

Esta es una **gallina**.

Todas las gallinas son **aves**.

¡Las gallinas pueden ser blancas, negras, cafés o amarillas!

Algunas gallinas
ponen **huevos**.

Los huevos pueden ser blancos o cafés.

Todas las gallinas dicen *¡cuac!*

Lista de palabras

Palabras de uso común

algunas	esta	son
amarillas	negras	todas
blancas	o	un
cafés	pueden	una
dicen	ser	

Palabras para aprender

aves gallina

huevos

34 palabras

Esta es una **gallina**.

Todas las gallinas son **aves**.

¡Las gallinas pueden ser blancas, negras, cafés o amarillas!

Algunas gallinas ponen **huevos**.

Los huevos pueden ser blancos o cafés.

Todas las gallinas dicen *¡cuac!*

Written by: Amy Culliford
Designed by: Rhea Wallace
Series Development: James Earley
Proofreader: Kathy Middleton
Educational Consultant: Christina Lemke M.Ed.
Spanish Adaptations: Santiago Ochoa
Spanish Proofreader: Base Tres

Photographs: Shutterstock: VisunKhankasem: cover (tl); Perutskyi Petro: cover (tr); Moonborne: cover (b); Roblan: p. 1; Aksenova Natalya: p. 3, 7, 14; TTstudio: p. 4-5, 14; Photo-Songserm: p. 9; Anastasia Magonova: p. 11, 14; Putoe Soemi: p.12

Animales de granja amistosos

GALLINAS

Library and Archives Canada Cataloguing in Publication

Title: Gallinas / Amy Culliford y Santiago Ochoa.
Other titles: Chickens. Spanish
Names: Culliford, Amy, 1992- author. | Ochoa, Santiago, translator.
Description: Series statement: Animales de granja amistosos | Translation of: Chickens. | Translated by Santiago Ochoa. | "Un libro de las raíces de Crabtree". | Text in Spanish.
Identifiers: Canadiana (print) 20200413945 | Canadiana (ebook) 20200413953 | ISBN 9781427134486 (hardcover) | ISBN 9781427132796 (softcover) | ISBN 9781427132857 (HTML)
Subjects: LCSH: Chickens—Juvenile literature.
Classification: LCC SF487.5 .C8518 2021 | DDC j636.5—dc23

Library of Congress Cataloging-in-Publication Data

Names: Culliford, Amy, 1992- author.
Title: Gallinas / Amy Culliford y Santiago Ochoa.
Other titles: Chickens. Spanish
Description: New York, NY : Crabtree Publishing Company, [2021] | Series: Animales de granja amistosos - un libro de las raíces de Crabtree | Includes index. | Audience: Ages 4-6 | Audience: Grades K-1 | Summary: "Early readers are introduced to chickens and life on a farm. Simple sentences accompany engaging pictures"-- Provided by publisher.
Identifiers: LCCN 2020055621 (print) | LCCN 2020055622 (ebook) | ISBN 9781427134486 (hardcover) | ISBN 9781427132796 (paperback) | ISBN 9781427132857 (ebook)
Subjects: LCSH: Chickens--Juvenile literature. | Livestock--Juvenile literature.
Classification: LCC SF487.5 .C8518 2021 (print) | LCC SF487.5 (ebook) | DDC 636.5--dc23
LC record available at https://lccn.loc.gov/2020055621
LC ebook record available at https://lccn.loc.gov/2020055622

Crabtree Publishing Company
www.crabtreebooks.com   1-800-387-7650

Printed in the U.S.A./022021/CG20201204

Copyright © 2021 **CRABTREE PUBLISHING COMPANY**
All rights reserved. No part of this publication may be reproduced, stored in a retrieval system or be transmitted in any form or by any means, electronic, mechanical, photocopying, recording, or otherwise, without the prior written permission of Crabtree Publishing Company. In Canada: We acknowledge the financial support of the Government of Canada through the Canada Book Fund for our publishing activities.

Published in the United States
Crabtree Publishing
347 Fifth Avenue, Suite 1402-145
New York, NY, 10016

Published in Canada
Crabtree Publishing
616 Welland Ave.
St. Catharines, Ontario L2M 5V6